몽당연필

형상시인선 43 곽태조 시집

몽당연필

인쇄 | 2024년 9월 10일
발행 | 2024년 9월 13일

글쓴이 | 곽태조
펴낸이 | 박윤배
펴낸곳 | 잉어등
　　　　42933 대구시 달성군 가창면 가창로 1103번지 2층
　　　　대표전화 (010)9187-1044
　　　　팩시밀리 (053)767-1044
　　　　등록일 | 2023년 7월 17일
　　　　등록번호 | 제2023-000009호
　　　　이-메일 | rudnfvksghk@hanmail.net
책임편집 | 박윤배
교　　열 | 심수자

ⓒ 곽태조, 2024, Printed in Korea
저자와 협의하여 인지를 생략합니다.

ISBN 979-11-984135-5-0 03810

값 11,000원

*이 책의 판권은 저작권자와 잉어등에 있습니다.
*이 책 내용의 전부 또는 일부를 재이용하려면 양측의 동의를 받아야 합니다.

형상시인선 43

몽당연필

곽태조 시집

잉어둥

自序

떨어진 꽃을 실에 꿰어
팔에도 걸고 목에도 건다

국수 꼬리 얻어먹지 못해
떨떠름하던 저녁이
보름달로 걸린다

울음의 단맛에 걸려 있던 매미의 여름이
찻상의 조각보로 내려와
부쩍 커버린 나는 어느새
장대 없이도
낮은 가지의 감을 만진다

어머니가 깎아놓은 노을을
본래의 자리에
걸어 둘 줄도 안다
– 自詩「감나무 채널에서」

2024년 입추 즈음에 곽태조

차례

• 自序

1

꼬리의 힘 ... 12
관망, 고추잠자리의 ... 14
서투른 핑계 ... 16
난초조蘭草調 ... 17
능수 칼국숫집 ... 18
몽당연필 ... 20
살살 ... 21
그날의 춘궁기春窮期 ... 22
우주의 봄 ... 23
접시꽃 ... 24
꽃피는 기억 ... 26
참새의 일상 ... 28
하루살이의 꿈 ... 30
썰물 자리 ... 32
향香 ... 33

2

가을 설법 … 36
늙은 호박을 읽다 … 37
갈바람 축제 … 38
통로, 내일로 가는 … 40
동틀 무렵 … 41
덤 … 42
매미와 함께 울다 … 44
무쇠솥 숭늉 … 46
박꽃 … 48
봄 혼례 … 49
개구리 베개 … 50
목련祭 … 52
공중의 소리 … 53
사랑 … 54
샛별 아래 … 56

3

섣달그믐 ... 58
소망의 시 ... 59
돌리다, 시간의 열쇠를 ... 60
아파트 ... 61
역逆 귀성 ... 62
옹이 ... 64
이슬 보시 ... 66
이젠 중용 길 ... 68
길 위의 인연 ... 69
파종기播種基 ... 70
장독대 ... 72
카틀레야 ... 74
풀밭이 손을 읽다 ... 76
울산파도 ... 78
해거름 문지기 ... 79

4

여름 환송곡 ... 82
술술 ... 84
쥘부채 펼쳐 들고 ... 86
별의 귀환 ... 88
민들레 ... 90
메밀 베개 ... 92
석류나무 달력 ... 94
눈길 성묘 ... 96
국화도 변한다 ... 98
눈의 눈 ... 99
용바위 ... 100
고수의 눈 ... 102
더 더워 ... 104
멍석 별자리 ... 105
안개 예보 ... 106

| 해설 |
큰 그림, 해학으로 그려낸 달관의 세계_ 박윤배 108

1

꼬리의 힘

밥상 위에 올라온 고등어
아무도 손을 안 대는 꼬리를 보다가
생전 마지막 퍼덕였을 힘에
나, 움찔한다

달아날 수 있을 것 같아
두리번거리던 어망 찢긴 틈새로
어부의 눈에도 보였을 꼬리지느러미

등짝 겨드랑이 뜯긴 살점은
누구의 입에 들었을지라도
왜 꼬리는 마지막까지 남겨둔 건지?

이승에서 못다 한 사랑 있으면, 마저 하고 오라는
어떤 계시처럼

둥근 접시 밖으로 밀려난 꼬리를
늘 꼴찌인 내 꼬리에 달고

출렁이는 파도 너머를 바라본다

꼬리는 살아있다고,
휘파람을 분다

관망, 고추잠자리의

나무꼭대기 잎 진 가지마다
가득 메운 잠자리 미동조차 없다

여름 햇살 속을 돌고 돌던 잠자리에게 바람은
저 아래 너른 고추밭에 가라 해도
푸른 내 몸으론 갈 수 없다고 한다

날개에 붉은 침이 가득 차는 날 가겠다고
등줄기 흐르는 땀 골바람으로 식히고 있다

어렴풋이 뜬눈으로 바라보는 아저씨
산자락 끝 밭고랑에서
숨바꼭질하듯 뒤따르는 아줌마를
한 번도 나무라지 않는다

붉은 고추의 자루는 점점 부풀어 오르고

검붉은 정기로 몸 가벼워진 날을 기다리는 잠자리는

날개를 펴서 수평에 두고
고추 섶 마를 날 손꼽아 기다리고 있다

서투른 핑계

하늘에서 날아온 별은
서산 너머 두 줄이다

앞산에 걸리면 얼마나 좋으련만
서산 너머에만 내려앉는다

이런 그믐밤에는
처음 만난 연인끼리는
숲속을 걷지는 말 일이다

머리 위 스치는 별에 놀라
입술을 포개기라도 한다면 더욱 큰일

별들이 많이도 내려오는
당신의 그믐밤
견우직녀 이야기를 알고 있는 나는
조용히 말문을
닫는다

난초조 蘭草調

몸매 매끈한 화분을
포근하게 뿌리로 안았다

자식에게 나눠줄 물과 양분을 위해
호미 쥔 손, 어둠 속으로
들이미는 엄마처럼

그냥저냥 살아가는 난초
뽐내고 싶은 하늘에
푸른 잎 손 내밀어
얼마나 이름을 새기고 싶었을까?

자고 나면 가장 먼저 바라보는
산 능선 닮은 줄기에는
아내의 마음이 걸려 있다

휘어진 어깨에 닿은
영롱한 물방울조차
천국으로 흘러들 자태다

능수 칼국숫집

칼국수 집에 갔다, 기계로 뺀 국수다
건더기를 먹어도 칼의 맛 아니다

밀가루 콩가루 섞어 반죽하는 어머니 얼굴이
우묵한 국수 그릇에 일렁거린다

홍두깨로 맴돌리던 암반 위 반죽에
밀가루에 콩가루가 보태는 살에
김 오르는 만월이 덤벙 담기던 그릇

어머니 땀방울이 면발에 먼저 녹아들고
그 위에 애호박과 함께 썰려지던 고명

지금 내 입에 드는 것은 불면의 맛
어디를 가도 먹을 수 없는가, 그때의 맛

이건 아니라고 투정하면 꼰대 소리나 듣겠지

〉
젓가락 위에 들어 올려진 국수를 두고
한참을 들여다보는 거였다

나 그 옛날 그리워하던 버드나무집
셋째 딸 능수의 미소를 이제야 후루룩 삼킨다

몽당연필

한밤중 이리저리 뒤척이는 몸
그래 참 잘 살았다고
시린 서랍의 뼈마디를 만져주고 있다

서랍 모퉁이에 쉬고 있는 연필
너무 짧아, 쥘 수 없어 끼워진 깍지
어디서 본 듯 낯익다

시키는 대로 앞만 보고 사느라
고달픈 나날 뼈를 깎던 아픔도
아낌없이 내어준 살과 뼈로
가난의 담을 넘어, 움이 되고, 꽃이 되고

점점 몸이 닳고 눈앞은 흐려도
몽당연필 그가 써 내려간 문장들이
서랍 속 부활을 기다리는가?

당겨낸 서랍 드르륵 굴러와서
나 아직은 살아있다고
잠 덜 깬 나방의 꿈을 쿡쿡 찌르고 있다

살살

엎드린 그 밭에 나도 엎드려
호미 끝으로 살살 일군 흙 속에 무언가를 심고 싶다

밭고랑에 양대 밭 가에는 들깨
바람막이로는 세 줄 옥수수
그 밭 한가운데 넝쿨이 매단 달콤한 과일
무심코 살갗을 툭 건드리기라도 하면
묽은 즙 주르르 흘러나올

해와 달을 번갈아 심고 싶다

잡초는 저리 비켜서라! 눈으로 말하며
배 출출한 서리꾼 다가서면 원두막 거적문 내리고
귀 막은 듯 잠 속에 들어야지

엎드린 밭을 살살 엎드려서 내려다보는
언덕배기 꽃핀 배롱나무들
간지럼 타는 밭고랑을 겅중 타 넘는 고라니도 있어

오늘도 나 살살 밭에 가고 싶다

그날의 춘궁기 春窮期

소가 서면 연자방아도 서고
소 따라간 사람이 이랴! 하면
억지로라도 연자방아는 또
이른 봄 내내 잘도 돌아갔었다

보리쌀 대끼려던 엄마는
맷돌에 손을 떼지 않고 서 있는데
연자방아는 서리맞은 방아깨비처럼 느렸다

떠나버린 버스의 꽁무니
어제 같은 그때를 돌아다보는데
소를 몰던 사람도
가는 세월에 앞서가고 말았다

연자방아는 박물관에 잠들고
입가에 잔뜩 거품 머금던
누런 소가 서 있던 그 자리
산수유나무 한 그루 서 있다

구름을 돌려 좁쌀을 빻고 있다

우주의 봄

할머니들 틈니에 봄이 오고 있다

담 아래 볕에 앉아 있던 봄이
텃밭 가는 할아버지
작년을 이야기하는 발자국 따라
닳은 호미를 걱정하고 있다

동네 처녀들 앞치마에 봄나물로 수북해진 봄이
흥겨운 노랫가락 따라하다
목련꽃 그림자에 걸려 나뒹군다

제기차기, 말타기, 공차기하던 봄은
노는 것도 지푸라기처럼 시시해져
뿔뿔이 집으로 흩어지고 있다

이런저런 일로 낮이 부산했던 만큼
더 환하겠다, 밤에 보는 별자리는

접시꽃

외로움에 대해서는 더 이상 묻지 말라는 듯
반지하방 창문에 세워둔 접시꽃

지나는 누군가가
문 떨어진 찬장 들여다볼까 봐
하얀 먼지 덕지덕지 쟁여도
포갠 꽃잎으로 창문을 막아섰다

더러 배고픈 두더지가 모서리를 뜯어먹었다 한들
층 따라 시원하게 솟아오르다가
맑은 웃음 걸어두는 접시꽃

불어오는 바람 스쳐야 산다는 것
꽃인 너는 몸으로 먼저 아는가!
.
사랑방 손님맞이 가면서도 층층의 접시는
갖가지 부침 온기에 흐뭇하다

〉
잎 접은 아랫도리는 뿌리로
반지하방까지 닿고
손으로 받쳐준 접시 위의 하늘은
점점 가벼워지는 시간이다

장마 뒤 땡볕에도 방싯거리는 웃음이다

꽃피는 기억

분칠 없이도 희게 피는 찔레꽃은
누구도 한번 만나본 적 없는
외딴집 처녀였지

가시가 많아 힘센 총각도
단번에 꺾지 못하는 넝쿨
그래도 새순은 향긋한 맛이지

시냇가 굽어보며 가슴 키운 우듬지는
겨우내 배고픈 새들에게
젖 물릴 꿈을 꾸지

눈뜨고 뻗는 손은 아픔이지만
가시 틈에 눈감고 가만히 뻗는 손엔
기어이 닿고 말 향긋한 향기

수줍음 한 주먹은
가시 없는 꽃순이 되어

살랑살랑 풀어놓는 댕기에
너울너울 날아드는
기억의 나비들

참새의 일상

꽃도 싹도 없는 아카시아 가지에서
두 마리 참새가 재잘거린다

아침밥 걱정하는지
이 가지 저 가지로 날아다니다가
참새 여러 마리 모아 떼로 재잘거린다

내 말 들으라고 우겨대며
제 말이 옳다고 재잘거리더니
제 말이 통하지 않자
뿔난 한 마리 휙 날아가니
뿔뿔이 흩어진다

뒤따라가면서 나도
아침은 먹고 사니, 살만하냐고
입 더 크게 벌려 재잘거린다

전깃줄에 날아가 앉아

함께 언 발을 녹이며 재잘거린다

잠시도 쉬지 않고 듣거나 말거나
작아도 알은 잘 깐다고
재잘거린다

하루살이의 꿈

말할 입도
소리 내어 울 입도
없다

별나라도 싫고
천당도 극락도 싫다
그냥 따듯한 불빛이 있는
여기가 좋다

하루, 하루, 하루만 참아다오
시위하듯 날개를 떤다

가고 싶은 곳
날고 싶은 곳 많아도
그냥, 여기에 눌러살겠단다

보상금을 내세워도
이주를 강요해도

남아 있는 날개의 힘에
저녁이 분주하다

젖 먹던 힘
남김없이 흔들어 턴다

썰물 자리

산과바다에우리가살고, 산과바다에우리가가네

흥얼흥얼 세노야를 따라 부르며
군산행 버스 안에서 눈을 감으니
목소리에 마력을 지닌 가수 양희은이
시인 고은에 시 속의 세노를 끌고
넓은 포구 쪽으로 걸어가서
바닷속 멸치를 어망에 불러 모은다
기쁘고도 슬픈 세노야, 세노야
유성기 돌아가는 밥집, 다실, 근대역사박물관에서도
보이지도 들리지도 않는 세노야의 그림자는
세 쪽 바다의 아픔을 다 싣고
떠가는 배를 거센 파도로 떠밀고 있다
가만가만 부르고 싶었던 세노야 세노야

아픈 이 빠진 군산 바다가
늙은 노새처럼 여울을 씹고 있다

향(香)

허공에 길을 수놓느라
뱅그르르 돌던 연기가
어느새 가늘게 수직으로 오른다

잡냄새 몰아내고 고요해진 자리

향길 타고 오신 조상님께
부복 재배 올리니
스치는 옷소매도 저절로 바스락

기침 소리가 지워진 자리
잔잔한 향기의 장을 만들어
자손끼리 다지는 우의

그제야 제 몸 재로 남긴
어제와 다르지 않은 오늘이
질경이 꽃대처럼 말갛게 보인다

혼 지나갈 길을 놓으며
내일의 다짐도 태운다

2

가을 설법

차면 기우는 게
연잎에 이슬 아니더냐
너무 빨리 벌린 잇몸 부끄러워
잡고 있던 가지를 놓는
그런 석류가 있어, 늦게까지
석류나무는 당당할 수 있었다
노을 일렁이던 들녘
비워서야 시원해지는 것을
깊어지는 가을에야 안다
땀의 결실이었던 밭뙈기를
눈 어두운 태풍이 깡그리 없애고 가도
머리 위 굽어보는 신을
할머니는 원망하지 않았다

죽은 니체가 깨어나도 모를
알알이 여물다 망가진 슬픔도

다 이유가 있는 가을이
거두어 갔기 때문이다

늙은 호박을 읽다

청춘이 어제 같은데 호박의 늙음을 본다

덩실하게 키운 자식들 곳간 여닫을 때 떠났고
한 채 오래된 옛집은
덩그러니 누런 호박처럼 남았다

문간으로 세차게 드는 게 눈바람일지라도
울타리 나뭇가지 흰 이불 덮일지라도
눈 위는 터널인 듯 토끼 다람쥐 산비탈 내려와
옛집 푸른 그늘에 눕는다

바람이 실어낸 열두 가지 선약 열매에선
천수관음의 손이
남겨진 기왓장을 말린다

벌거벗은 앞산 능선을 누가 곳간에 남겨두었나

눈 내린 몸의 골짜기가 깊다

갈바람 축제

가을날 바람이 추는 춤에는 외딴집 빨랫줄이
들어 있다

잠에서 깬 고추잠자리가
발 디딜 곳 없어 서성이다가
신작로 코스모스를 징검돌인 듯 밟고 간다

솜털 날리며 새살림 떠나보내는 억새꽃 숙인
고개에 내려앉으니
억새가 잠자리에게 말하기를

그동안 키워준 뿌리에 큰절하는 중이라고 한다

어깨 위로 날아가는 참새 소리 듣지 못한 척,
잠자리 이번에는
논의 눈 부라린 허수아비에게 다가가
흙 묻은 소매를 털어준다

〉
잠자리는 해거리에 궁색한 감나무 가지도 다독이더니
아래, 윗동네 사람들 한데 모여
꽹과리 앞세운 농자천하지대본 깃대 위에서

사는 동안 무거웠던 꼬리의 무게를
농무 속에 내려놓는다

통로, 내일로 가는

등짝 넓은 바위를 치며
아래쪽 구석으로 흐르던 물
나무를 만나 위로 딸려 올라가는
편한 터널에 이르렀으니
어찌 즐겁다, 하지 않으랴
뿌리에 닿은 물은 잎사귀를 만나려
꽃에 닿아 더러는 탐욕인 벌의 엉덩이를
씻겨주기도 하느니
이만한 즐거움이 또 어디 있으랴
가끔은 이방인의 톱이나 낫이
눈물의 수로를 가로막지만
어둠의 밤이 지나고 나면
새로이 내가 만든 물길 끝에서
인생사 까마득하던 터널 끝
깜박거리는 신호등을 볼 수 있겠다
그럴 땐 별을 만난 듯 즐거워지고
반기지 않아도 어제를
그렇게 지나온 나는
또 다른 봄이 너끈히 기다려지고

동틀 무렵

안개를 덮고 잠에서 깬 산딸기가
이슬의 방문을 살며시 민다

오물거리는 갈증에 나 눈 비비며 문 열어 줄 때
하나의 꽃 안에 들어섰던 칸칸 방들은
벌의 날개를 말려
어제보다 푸른 하늘로 날려 보냈다

딸기는 낯선 손길이 닿을 때마다
펄떡거리는 심장, 끌어당긴 안개로 얼굴을 가린다

나 깊은 숲속에 들었다가
어느 새벽 떠나보낸 사랑을 떠올리는데

딸기 이마에 앉은 호랑나비 안개에 무거워진 날개를
산딸기 그녀의 입김이 말려주고 있다

덤

만경들 가운데 있는 원두막엘 갔다

참외 열 개 값을 치르고 덤으로 받은 한 개
뜨겁게 속 달아오른 전봉준 같다

푹푹 찌는 들을 허기져 헤맬 때 흙에서 뻗어 나온 푸른 덩굴이 마디마다 주렁주렁 매단 참외 목마름과 지루함의 길을 달려오다가 참외를 사고 덤으로 얻은 한 개를, 한입 껍질째 깨물다가 내 입이 그리도 큰 줄 그제야 알았다

아침 신문 읽던 침침한 할아버지 눈이 쩍 벌리는 입에 그만 손자는 큰 산 호랑이라도 본 듯, 눈 동그랗게 뜨고 놀라는 덤

귀의 방울 대롱거리던 며느리도 귓속 매미 소리 가두던 시어머니도 열 개의 참외 중 한 개는 내 것이라고 꿀꺽 삼키는 오후다

〉
　흘러나오는 노인정 유성기 소리에도 흙을 비집고
흙에서 자라난 우리말은 덤

　덤은 덤을 보태서 더욱 즐거워지고
　들판 너머 번지는 노을의 눈빛에서
　봉두난발의 전봉준을 만나는 덤

　만경들 지나가다 원두막에 들면
　걸어온 길도, 걸어갈 길도 다 덤이 된다

매미와 함께 울다

긴긴 터널을 빠져나와 눈물 젖은 옷을 벗는데
눈앞에 여문 들깨밭이 악보 같다

날아오르기 위해 울어야 하는 옷의 주름진 고랑들
억눌림과 멸시로 속을 채우던 안감들

슬픔과 괴로움으로 수염을 달고 있는
까칠한 보리밭을 스치는 바람 소리와 함께
긴긴 터널을 빠져나와 나 가벼워지려 옷을 벗는다

옷은 장편으로 써 내려가는 매미의 울음
소매 끝에는 어제와 오늘의 손짓이 걸리고
단추 구멍마다 숨어든 매미들이
떠나가기 전 숲에 남기는 노래는 애절했다

바람에 흔들리는 들깨밭 악보 위에
안단테로 세어둔 매미의 더듬이 끝에서
짓눌리며 살아온 지난날의 시, 서럽기만 하다

〉
울음 끝에서 찾은 악보의 여기저기
그늘을 안단테로 세워두고 귀를 여니
사랑하는 그대와 나 하늘로 솟구치고 있다

무쇠솥 숭늉

우리는, 무쇠솥의 보리밥 숭늉 매일 마시는데
본 적도 없고 먹어 보지도 못한 커피가
지리 시간을 훌쩍 건너뛰어 한반도에 상륙한다

지구의 한 귀퉁이 이 나라 사람들
커피를 숭늉처럼 마시며 산다는 걸 알았다

서글픈 어제에 업혀 커피가 들어오더니
골골마다 생겨난 다방을 다 삼켜 버렸다

찬장에는 색다른 커피잔이 소복하게 포개어졌다

커피 향에는 알파벳이 들어 숨을 쉰다
이것은 너와 나 모든 것 하나로 만드는 마력이었나!

숭늉 담던 놋그릇은 커피잔에 밀려
다락 귀퉁이에 들어 한밤중이다

〉
알파벳이라도 달달 볶아야 할 무쇠솥 앞에서
한글의 맛을 무엇이라 쓸까?
슬슬 고민나무에서 커피 열매가 자라고 있다

박꽃

하얀 속 어디까지 이슬이 젖으면
덩그런 아이를 낳을까

닷새 장날 소금 사러 나갔던 서방님 돌아와
초가의 스며든 저녁
보름달에 밀려난 박꽃은 움찔

마당의 모깃불 꺼져갈 무렵이면
더욱 환하게 피던 박꽃

집으로 돌아오기까지 걸었던
굽이진 길들의 마디마디가
안방까지 따라와 쭉 사지를 편다

오늘따라 하얗게 분 바른
동리 우물가 아주머니 이마가
출렁인다, 한밤중 이고 가는 물동이로

봄 혼례

텃밭에서
호미에 매달려 온
새파란 냉이
상추 쑥갓 없던
이른 봄
콩가루로 분단장한 냉이는
된장국에 철벙
꽃샘추위에
눈썹 파르르 떨던 냉이는
칼자루 손잡이에 다진
통마늘 서방을 만나
나른한 봄날
방긋 생기가 되네

파르르 떨던 눈이
환하게 뜨이네

개구리 베개

모이 앞에 모여든 병아리처럼
좁쌀베개에 잠든 아가 생긋생긋 웃는다

맷돌질에 묵 바가지 엎은
메밀 베개 위 어머니는
선잠 든 젖꼭지를 아기가 물고 있다

캐시밀론 솜 넣은 젊은 양반 베개
스트레스 뒷목에 걸려, 승진되는 꿈
산마루 올라가 구름 위로 흘린다

왕겨로 비벼 채운 할머니 너른 베개
속 비운 겨끼리 외로워서 사각거려도
못 들은 척 할머니는
돌아 눕는다

햇빛 들기 기다리던 개구리
나, 베고 누웠던 볏단에서

방 문고리 잡고 벌떡 일어난다

사랑방 목침 속 할아버지 기침에
언 땅 내리찍는 괭이처럼
연못 속으로 펄쩍 뛰어든다

목련祭

할머니 할아버지도
소맷자락 덩실 더덩실
속치마도 때 만난 듯 펄럭
한창 꽃피기 좋은 계절이다
너른 어깨 가마꾼들
골골이 메고 다니며 흩뿌리는 향기에
바람 앞세우고 뒤따라가는
벌과 나비들, 잠자던 어린 버섯들
고개 들어 살며시
누가 보나! 눈 돌리니
저고리 앞섶 매만지는 부끄러운 처녀는
가지 끝에 걸려
나그네 걸어올 먼 길을 살핀다
우아함이란 모두 한때여서
이룬 것 없는 초라한 행색이어도
길 떠나기 참 좋은
한 철이다

공중의 소리

얼었던 나뭇가지가 떤다
초승달 그림자 마주하던
고드름 끝 둥글어졌다
앞산 너머 봄 왔다는 소식에
종달새 노랫소리가 닿았나!
겨울 멍이 사라진 절집 처마가
꽃을 부르는 손짓이다
계곡이 기지개 켜는 소리에
앞가슴 열어주는 비구니
작년에 아니 온 봄 기다리고 서 있다가
비탈길 생강나무에게
좀 더 연한 봄을 꺼내 달라 한다
겨우내 녹슬던 농기구 풍경이
한 번 더 부르르 떤다

사랑

목화 따다가
아기에게 젖 물리고
돌아앉은 여자의 뒷모습은
엄마 사랑 그것일까

말 못 하는 아가의 눈을
마주 보고 있는 엄마의 눈은
어떤 말보다 찰진 언어일까

스치며 오가던 사람끼리
서로 눈길을 주는 것은
어색함 지우기 위한 신호일까

벤치에 앉아 눈감고 오늘 나는
사랑의 여러 모습을 떠올린다

할아버지 할머니가
뒤늦게야 손잡고 걸어가는 것은

젊은 날 못 한 사랑에 대한
미련일까

내 사랑 걸어둘 자리는
어디일까

샛별 아래

구호를 외치던 젊은이들
노래로 바꿔 부르며 달리고 있다

옷 입은 큰 개 두 마리 아저씨가 이끌려 가고
뛰듯이 따라가는 아줌마 숨 가쁘다

페달을 열 번 밟아야 반 바퀴 돌아가는
우리가 사는 세상은 자전거 같아서
중년 남자는 헉헉거린다

배드민턴라켓 등에 메고 한 손에 새참 들고
남은 손 맞잡은 그림자 없는 부부
샛별 아래로 걸어간다

앞서거니 뒤서거니 달리며 걷던 사람들
비탈의 집에 들기 전
엉덩이로 쿵쿵 흔들어놓은 소나무 아래

녹은 샛별들이 수북하다

3

섣달그믐

가마솥에 장작불 지피고
목욕 차례 기다리는데
나 부끄러워하는 걸 알고
초승달이 숨어 버렸다

횟가루에 비벼낸
숟가락, 젓가락, 양푼이, 반상기가
어둠을 밝히듯 반짝일 때
호롱불 아래 꾸벅꾸벅 졸던 어머니

긴 하품을 바늘귀에 다시 건다

나도 모르게 쌓인
탐욕 분노 어리석음, 태우려고
유성은 사금파리처럼 밤길을 빠르게 벤다

생활에서 쌓인 지켜야 할 비밀은
여물게 묻어두라고

우주는 섣달그믐 만들었겠다
캄캄한 손끝의 감각으로

소망의 시

보리밟기로 줄을 설 때 옆에 섰던 꽃망울
눈 녹은 물길 함께 바라보던 꽃망울

제비집 노란 주둥이도 꽃망울
할머니 손 놓고 나비 쫓아
첫발 떼고 달려가는 손녀도 꽃망울

다문 입 처음 벌릴 때
봄날 꽃망울들은 모두 수줍다

그렇게 가고 오는 꽃망울 속에
나, 오래 기다린 꽃망울은 어디로 숨었나!

아직은 피지 못한 꽃망울
꿈길에서 걸어올 꽃망울

겨울 지나고 싱싱하게 물오른 가지를
나 살며시 들춰 본다

돌리다, 시간의 열쇠를

어제라는 시간이 흘러와서
오늘의 시간을 태우더니, 내일로 뛰어간다

멈춰 세우려 불러도 들은 척도 하지 않는 달빛은
마부 없는 수레다

눈 크게 뜨고 달리는 시간을 보니
꽃피는 냄새다
곧이어 꽃 지는 냄새가 난다

가물거리는 냄새가 난다
곧이어 모두 익어가는 냄새다

마음에 새겨둔 곳에서
사랑도, 자비도 기도가 될 때
내일에 꽂힌 열쇠 들고
모든 되돌아보는 것들에게서는

시간 쪼개어지는 소리가 들렸다

아파트

한 꼬투리 통로에 마흔여덟 집이
콩알 박히듯 꿰어져 있다

인사할 곳은 엘리베이터
틈이 좁아 정 나누기도 어렵고
해가 바뀌어도
못 만나는 사람도 많은지

만나는 사람들마다
새로 온 이웃인지
사람들은 눈인사도 없다

담은 지붕을 덮고 있어
철문을 찰칵 닫으면 그만
한 그루 콩처럼 매달렸어도
아래위 정다운 울림은 없다

언젠가 같이세 볼 텐데
문도, 마음도 시원히
열고 살았으면 좋겠다

역逆 귀성

추석에 고향 가겠습니다
아들 삼 형제
손자 손녀 열둘이
함께 갈게요

전화 들고 문밖 서성이는 엄마
오지 마라! 내가 갈게
내가 갈게 오지 마!

번잡한 길이니 내가 가야지
그것이 나를 위한 너희의 길
아래위 다닌 마실
엄마의 밤은 그렇게 깊었다

추석날 모인 가족들
지난 이야기 묻어두고
정들면 서울도 고향이라
노래 부른다

〉
엿판의 가위처럼 걸린 보름달
빌딩 모서리 숨어있는
고향마을 쩔겅쩔겅 비춘다

옹이

나이테에 박힌 옹이를
밤새 내린 함박눈이 덮고 있다

옹이는 거무스레한 나무의 귀
지난날 바람결 향기 따라 춤추던
벌 나비를 가만히 떠올린다

어두운 하늘로 날아가며
매미가 남긴 단말마를 데려와
썩어드는 귀를 헹군다

수없이 석양을 삼킨 나무는
사그라지는 것을 두려워하지 않는다

구멍 깊숙이 차곡차곡 쌓아둔
운명의 별자리 잠시 보관하다
사랑 떠나보낸 쓸쓸함이 그러하듯

〉
솜이불인 양 함박눈을 끌어 덮는다

해마다 움푹해지는 눈
점점 더 그리움은 깊어지고

이슬 보시

바람 자는 새벽 뿌리가 깰까 봐
아무도 모르게 이슬이 내린다

발가벗은 홍시에 앉아, 더러워진 연무 자리 씻어주고
영롱한 구슬 새겨 단풍잎에 건네니
간밤 흉몽은 흙 속 둥지에 숨으러 간다

그렇게 이슬이 다녀간 자리
푸른 이파리는 싱싱한 얼굴이다

뙤약볕에 시달린 새잎에 앉아
이마에 입 맞추며 힘내라고
새들이 날개로 바람을 부칠 때도 있었다

아무도 몰래 다녀간 남정네의 어느 옛날
홀로 사는 과수댁의 얼굴이 그러하듯
작은 보시에도 촉촉한 풀잎

〉
웃자며, 웃으며 되돌아본 푸른 치마
작은 마음 고이 새긴 이슬의 흔적에
풀은, 키운 벌레를
배고픈 새들에게 나눠주고 있다

이젠 중용 길

가던 길 멈추고 서서
세월 따라 흘러 희미해지는
길을 당겨본다

넓은 길, 좁은 길, 꼬불꼬불 굽은 길, 가파른 길, 내리막길, 실바람에 춤추는 꽃길, 사랑 노래 들리는 소리길, 슬픈 외줄기 눈물길, 정강이뼈 빠지는 눈길, 아랫도리가 젖는 무논 길, 생각만 하는 이길, 저길

다시 앞길을 걷다 보니,
여러 갈래 길이 길을 막는다
나무 그늘 선비들께 갈 길을 눈짓하니
고개를 저으며 담배만 뻐끔뻐끔

혼자서 말없이 걸어도 좋은 길은
중용의 길이다

길 위의 인연

앞서 걷는 사람 뒤로 그림자가 따라간다

돌아보다 마주친 따라오는 한 사람
한 발짝 걷다가 약속이나 한 듯
서로 다시 돌아서 본다

제 그림자 데리고 멀어져간 인연
밀려가다 또 마주치지는 않을까

걸어도 걸어도 생각나는 그대
그이도 그렇게 생각할까
나와 그림자는 참 이상한 만남이다

처음인 이 만남이 마지막은 아닐까

머뭇거림 위로 눈이 내린다
마주 잡은 손에서 녹아내리는 물

연분을 풀어 줄 그날은 언제일까

파종기播種基

입춘대길立春大吉 건양다경建陽多慶

오래된 나무 대문 결에 절기 방 붙이느라
풀 머금은 솔이 지나는데 벌써 봄인가?

잠자던 복슬강아지 무심코 달려 나간다

오리 날아간 살얼음 아래 피라미
물 가르며 솟아오르는 것을
강아지 한참이나 지켜보고 난 뒤

어슬렁어슬렁 돌아오는 양지바른 담 밑
고개 내민 여린 쑥에 오줌 한 방울 찔끔 눈다

장독대 뚜껑 덮던 아주머니
앞치마에 젖은 손 쓱쓱 닦고는
서랍에 두었던 봉숭아씨 꺼내니,

〉
다른 꽃씨들이 나도 꺼내달라고
덩달아 컹컹 짖는다

장독대

보름달 기다리던 어머니가
정화수 떠 놓던 장독대 자리에
아파트가 들어선다고 한다

들썩거리는 풍문에 뚜껑이 아프다

오뉴월 햇빛 먹고 자란 메주에 얹힌 붉은 고추
매운 재채기 고추장에겐
주름진 어머니의 손이 뿌려주는
왕소금은 새참이었다

더는 이곳에 머물 수 없는 장독들
네발 쇠가마에 얹혀 시집간 딸네 집으로 간다고 한들
이곳 담장 아래 양지만 할까

어머니 새참 날라 오던 발자국
안으로 꼭꼭 다져 넣은 장독
어느 날부터인가 쩍쩍 금이 갈 때

먼 하늘길 걸어온 낮달은
안쓰러운 어머니 우묵한 눈 닮았다

카틀레야

꽃줄기 어디론가 사라지자
누군가 볼품없다고 쓰레기더미에 내다 버린
카틀레야

말라 죽어가는 너를 데려와
새벽마다 눈빛을 모아 건네주니
성긴 부석 앉힌 방에서
보랏빛 두 송이로 빙그레 웃는다

넉 달 넘어도 어제 같다

내가 너를 사랑하기도 전에
너는 벌써 오래전부터 나를 사랑했던가
청초한 몸이 피운 꽃이어서
네가 머문 허공은 오랜 기지개다

긴 세월 흘러도
엊그제 온 것처럼 청초한 그 자태

놀라운 군자 기질만큼은
카틀레야, 그 찬사에 있어서는
동서양 경계가 없다

풀밭이 손을 읽다

무덤 앞에 모인 풀들
자분자분 흔들리기는 해도
어머니는 쉽사리 손바닥을 보여주지 않았다

고추 따고 참깨 터시느라
북 밀고 당겨 삼베 짜느라,
물집 터지기를 반복하던 손뼈 굽어버렸다

주민등록증 만드는데, 대여섯 번 눌러 찍어도
지문이 보이지 않더니
얼룩의 길이 지문이 되는, 찔끔거리는 내 눈물에
찰나의 손금마저 내려놓은 것인가!

무덤 자리에는 잎맥 곧은 풀들 무성하게 자랐다

무덤 자리를 지키는 푸른 소나무가
안쓰럽게 보고 있는 풀들의 잎맥

〉
베틀에서 없어진 손금들이 한데 모여
살살, 꿇은 내 무릎을 쓸어준다

울산파도

짝을 지어 힘차게 달려온 파도가
물멀미에 나래 잠시 접은
갈매기를 보고
떨어져 일렁이는 꽃잎도 보고
달리던 나를 잠시 멈추게 한다
반짝이는 금조개를 보고
연약한 미역 새싹들을 보고
파도는 말처럼 달려온 것이니
바람 있는 곳은 어디나 굽이치는 해안
산 그림자 물결 이불 끌어 덮을 때
꽃잎에 입 맞추던 물결은
뱃머리에서 잠이 든다
한 폭 그림 속 말 탄 파도는
이제 무릎을 펴고 홍당무빛
아침 햇살을 우적우적 씹는다
오대양 항구를 적실
울산호 뱃머리에서 춤을 춘다

해거름 문지기

긴 하루 누워 자던 멍멍이
늙어버린 귀 세워줄
삐걱! 열리는 대문 소리가 필요하다

아래위 곱게 차려입고
핸드백 들고 모임 간 주인아줌마
헐떡헐떡 기다리며 흘린 침이
끈적끈적한 노을이 되었다

늦게야 돌아오시려나 다시 턱을 괴고 눕는데
어둠은 수염처럼 자란다
축 늘어진 뱃가죽은 빨래를 널지 않아도
늘어진 채 비어있는 빨랫줄 같다

빈속을 자루처럼 헐거워졌고
흰 연기 푸른 연기 꼬이는 하늘에서
채워야 할 웃음을 기다려야 했나

마지막 돌아올 식구를 기다리는
껌벅이는 눈에 별이 몰려든다

4

여름 환송곡

자귀꽃을 징검돌처럼 밟고 온 여름이
솟을대문마저 활짝 열었다

반도의 남쪽 담장 높은 어느 대가댁 별당
봉창 아래서 소곤거림을 엿듣던 여름이
솟을대문 기와지붕 위로 부채를 펼쳤다

폭염 안아주고, 열대야도 재워주려고
구름 사이로 오는 햇살을,
잎 너른 나무 그늘로 돌려보내려고
살랑살랑 바람을 흔드는 자귀꽃

흔들리는 나무 아래 서 있으면
한나절 다녀간 태풍도 우박도 소나기도
아릿한 산초 냄새가 났다

나무는 여름을 떠나보내는 일로 두 팔이 길어졌고
갈증을 잉태한 벼가 눈물로는 모자라

아침이슬을 삼키는 동안에도 살평상 위 할머니는
흔드는 손부채를 멈추지 않았다

아침 샘물에 밥 말아 드시고도
거뜬히 넘긴, 지난여름들이
두 팔 가득 안기는 꽃무더기

저만치 다가올 가을도 멀지 않았다

술술

참빗으로 머리 빗으면서
삼단 같던 머리카락 빠지는 게 아니고
흘러내리는 것 같다는 어머니 말
이제야 알 것 같다

한겨울밤 마실 갈 적 따라가서
찬바람 부엉이 우는 소리는 무서웠어도
어머니 등은 너무 따뜻했다

활로 솜을 타 새로 만든 조선옷
제기차기할 때 배꼽이 웃어주고
얼음판에서 돌리는 팽이에 추위도 물러갔지

영등할머니께 우리 형제 차례로 이름 불러
지나는 사람에게 꽃으로, 잎으로 보이고
바라는 일마다 잘 풀리게 빌던 모습
부엌에, 장독대에 가득하다

〉
지은 농사 공출되고 굶던 시절
나는 먹었다, 너희들이나 먹어라!
가족 뒷바라지하느라, 앙상한 골몰로
허리 한번 못 펴 보고 저 멀리 가신 어머니

내 머리카락 또한 술술 흘러내리고 보니
회한에 눈을 뜰 수가 없다

쥘부채 펼쳐 들고

누워서 흔들면
눈이 감겨지고
꺼져가는 아궁이에 닿으면
솟아나는 불씨
펼친 부채는 마술사다
꽃부채 펼쳐 든 옆 좌석 아줌마
무더위가 겁을 먹는
향수 내음을
내게로 천천히 건너오게 하는
그 부채
어두운 구석에서
옆으로 돌아눕다 조르륵 겹치니
암행어사 출두인 듯
초목도 떨지 않을 수 있으랴
사랑 낳는, 부채인가
누가 볼까, 눈도 가리는
그녀의 부채
두 입술 파르르

갚아야 할
부채로 떨고 있다

별의 귀환

무덥고 캄캄한 여름밤
살평상에 누워, 억만 개의 별 중에
내 것으로 만든 별 하나와
밤마다 같이 놀았다

멀고 먼 하늘에 혼자 두고
전깃불 밝은 도시로 온 뒤
너의 별은 보이지 않았다

견우직녀 이야기 속에 새겨져
영원히 반짝거린다는
잊을 수 없는 별 너는
늙지도 않은 그대로의 모습일까

그때의 은하수 아래로
흘러흘러 찾아가는 살평상
발뒤꿈치 들고 서면
그대 별 만날 수 있을까

〉
오래도록 그대를 위해
나 속삭이듯 반짝이고 싶다

민들레

엄마가 주는 풍선을 타니
지나가는 황소바람 꼬리에 날려
길섶 작은 풀잎 사이로
밀려들기도 했다

모든 인연이 가물가물해져서
소나기 물살에 몸 맡기다
밀리고 떠밀리다 못해
냉큼 손 뻗어 둑을 붙잡았다

눈보라 온다기에
낙엽을 긁어모으다가
새벽 차가운 이슬에 곤두박질쳐졌다

햇볕에 아지랑이 문 열 때를
기다리다 보면 파란 잎에 잠든 봉오리
노랑 모자는 씌워지겠지

〉
산달의 아기집 닮았다며
배 만지는 우리네 새악시들
민망한 듯 웃기도 할 거야

메밀 베개

어머니 가슴에 얼굴이 닿으면
꽃길, 골목길, 물길, 들길, 별길
온갖 길 다 보인다

울퉁불퉁 젊은 팔뚝에서
십이지 인연 태몽으로 흐르고 흘러
결국 어머니 품에 들어가 안기어
새록새록 아기처럼 잠드는 것

삼베실, 무명실, 명주실 꾸러미
철커덕 베틀에 걸리는 저녁
메밀 베개는 어머니 무릎 두께다

포근하다, 눈썹, 발톱 깎고 바랑 매던
과거길 동네방네 먹거리 맛
외딴 주막집 밤샘 이야기도
가문마다 다른 족보로 기록될 때
집집의 사랑방 목침은 높이가 달랐다

〉
실밥 틈새 바스락거리는 메밀꽃 애환
어머니는 내 베개에
당신 숨소리를 넣어두셨다

석류나무 달력

금박이 입혀진 손톱 같은 잎이
용서란 말을 남기려고 문틈으로 날아들었다

마지막 남은 달력 한 장 달랑거리는 방 안
가고 오는 날, 달은 거짓을 모르지

한 몸에서 쌓은 사랑
헤어진 슬픈 조각을 건너다보면
마주하던 배꼽은 짙은 어둠일수록 더 가볍다

자랑하던 알갱이 버린 채 말라가는 껍질
석류나무가 그랬다

떨어진 잎 이불처럼 끌어 덮으며
겨울 씨앗을 짓밟는 눈에게
나는 별의 무게를 알려 준다

왠지 썰렁해진 벽, 새로 걸릴 달력의 자리는

석류꽃 웃음이 머물다 갈
따뜻한 자리였으면 좋겠다

눈길 성묘

어머니 집 가는 길에 함박눈이 내린다

새벽잠에 묻혀 쉬고 있을 때
떡가루 버무려 시루에 얹던 어머니
흰머리 누인 베개에서 산꿩이 난다

넘어질라, 발 살살 옮기다가
키 작은 댓잎 혼자 넘기 너무 아까워
한참을 가다 뒤돌아본다

공중에 새겨진 새 발자국처럼
댓잎은 어둠에 얹어둔 흰 별이다

닳을 대로 닳은 구두 뒤축은 한쪽으로 기울어지고
미끄러지다 구겨진 앞창엔
발가락이 그날 새벽 형제들처럼 모였다

이런 내 모습을 나름 멋지다고 이해해 줄

누군가와 서로의 발자국에
발바닥을 포개는 길

하얗게 씻긴 첫길 건너 어머니를 보러 간다

국화도 변한다

서쪽 담 끝자락에서
봄 여름 가을 좋은 계절 다 보내고
서리를 맞고서야 뽐내는가
늦은 향기여
그런 너의 절개를 일러
사군자라 불러 주었는데
변하는 게 하도 많은 요즘 세월
제철 잊은 국화는 온실에서 큰다지
때도 없이 피우는 꽃에
무슨 향기를 맡겠다고
나 코를 들이미는가
국화도 변한 만큼 나도 변한 건가
서리보다 앞서 온 눈꽃도
오늘의 넌 반겨 안아주니,
이 국화 내가 기다려온
군자다운 군자 맞다

눈의 눈

함박눈에는 맑디맑은 창이 달려있다

소리는 다가오기 전 마을에 두고
낮은 곳을 먼저
가만히 몸짓으로 채운다

부족함이 없으니, 생겨나는 즐거움
마음을 깨끗하게 닦은 눈은
나목 나뭇가지의 심정을 안다

눈을 먹으며 벌이는
갈증 난 싸움의 공터에
누나도 동생도 함박웃음으로
눈사람 세워둔다

눈 내린 한참 뒤 따라온
바람의 걸걸한 목청이
어깨에 쌓인 눈을 툴툴 털어준다

용바위

소꿉놀이하다가
풀섶으로 큰 구슬 하나
굴러갔다

손 뻗어 더듬던 풀뿌리 근처

손끝에 닿은 너의 발등 감촉에
그날 이후 그 자리
둥글고 큰 바위 하나
내 기억 속에 용이 되어 우뚝! 세워졌다

시간은 오랫동안
아무 일 없이 흘렀고
먼 길 돌아와선 그 자리
내가 입에 물려준 구슬은
기억의 반죽을 부풀려 입 쩍 벌린
바위틈새에 느티나무 한 그루
키워 놓았다

〉
내가 굴린 구슬은 여의주
바위틈에서 자란 느티나무는
먹구름 아래 숨어든
새도 쉬어갈 의자였다

고수의 눈

담배씨도, 깨알도 그믐밤 헤아렸다

샘 속의 두레박, 구름 위의 산봉우리에도
시력 좋은 눈이 달려있다

벌들의 아카시아 사랑
종다리 암수의 곤두박질
고추잠자리의 수줍음
빈 리어카에 오르는 씨돼지 사랑도
감은 눈으로 보면 다 보인다

우리 집 지키던 이백 살 넘은 등잔은
박물관에 걸리고
씻어도 닦아도 눈에 끼는 안개

가본 적도 없는 구만리 장천이
다 보이는 것은, 마음속 눈이
맑아졌기 때문이다

〉
눈을 감고 있어도 다가온 칼날
찌를지, 벨지 다 알고 있다

더 더워

복더위 땡볕에
부채로 얼굴 가리고 걸어가도
더운 줄 몰랐다

삼베 적삼에
땀이 빗물처럼 흘러도
여름이라 그런 줄로만 알았다

남포등에 든 솔나방이
별빛 흔들어 대던 그때도
시원한 여름밤이었다

선풍기 날개 도는 횟수 늘려도
이젠 더 더워지고
에어컨 멈추지 않아도
모두가 더 덥다, 더 덥다고 한다

떠들지 말고 지구 귀에 대고
왜 더 더워? 물어보렴

멍석 별자리

초사흘 달 지나간 자리
별들이 다투어 얼굴을 내민다

할머니 손부채에 모기는 숨어들고
부지깽이는 보릿짚 뒤집느라 타닥타닥
모깃불 연기가 어머니 무릎 위에
삼을 삼는다

살평상 위 아버지 코 고는 소리에
앞산 너머로 지던 별똥별이 멈칫한다

가벼워진 멍석자리에 와서
잠시 누웠던 별들은
부채에 열 오른 이마를 식히고
구름 속으로 잠자러 간다

안개 예보

어제가 두 갈래 철길이라면
오른쪽으로 도는 시계 침은
내일을 낳는 산통이다

칠흑의 동굴 속에도
안개 낀 새벽이 다가온다

팔려 가는 뱃살 찐 황소는
마구간의 시간을 고통이라 말한다

꼬임에 허우적거리던 사랑은
날지 못해 비틀대던 다리를 끌고
노숙인 누워 잠든 차가운 바닥에
가장 먼저 닿았다

안개는, 장수 떠난 전장에서
돌파구를 찾아 허둥대는 병졸이다

다리 펴고 쉴 수 있는
집으로 가는 길이 아득하다

| 해설 |

큰 그림, 해학으로 그려낸 달관의 세계

박윤배

해설
큰 그림, 해학으로 그려낸 달관의 세계

박 윤 배 | 시인

1.

 곽태조 시인의 시를 전통적 서정시의 한 갈래로 읽는 것은, 화자의 감정이 자연물에 투영되기 때문이다. 소월을 이어 영랑·목월을 거쳐 오늘날 전통적 서정시의 맥을 가장 잘 잇고 있는 시인을 꼽으라면 문태준 시인이라 할 수 있는데, 곽태조 시인 또한 그 연조로 볼 때 그 전통의 맥을 잇는 하나의 징검돌로서 서정시 발전에 나름의 역할을 보여주고 있다. 곽태조 시인은 요즘 문단의 커다란 화제인 이후以後 문학인으로, 교직에서 정년 이후 활발한 창작활동을 보여줌으로써 한국문학의 발전에 크게 이바지한 문인의 한 사람이다.
 현대시가 시인의 기분이나 심리를 지나친 상상력

을 반영한 낯선 문장으로 끌고 가면서 일반 독자와의 틈이 존재하는 지금, 이해가 쉬운 전통 서정시는 대중에게 사랑받을 수 있는 장점이 있다. 창의를 앞세운 최근 시가 과한 정신적 내면의 진술로 독자들에게 외면당하는 것에 비해, 곽태조 시인의 시편들은 읽는 순간, 시인의 감흥이 바로 전해지도록 전달성을 염두에 두고 썼음을 알 수 있다. 주제에 따른 의미 전개에 있어, 이중의 알레고리로 표현되면서 독창성에 커다란 의미를 두는 미래파 이후의 시 경향과는 반대편에 서서 이렇게 써도 시가 될 수 있다는, 나름 자연염료를 풀어 일상의 삶을 순순하게 그려낸 시인의 이번 시집이다. 마치 조선 시대 풍속도의 대표적인 화가 긍재 김득신(1754~1822)의, 단순한 기록이 아닌 해학과 풍자로 풍부한 스토리를 담은 듯한, 시를 쓰는 바탕이 밑칠 되지 않은 흰색 비단이나 한지로 그 위에 엷은 먹빛의 필법으로 그려낸 시인의 언어는 다분히 동양화의 기풍을 닮아있다. 읽는 이로 하여금 화선지에 떨어뜨린 먹물이 잔잔히 번지는 듯한 그런 느낌의 시들이 주를 이루고 있다고 보면 될 것이다. 복잡하지 않은 단순한 비유를 사용하면서도 날카로운 성찰로 사물에 얽힌 의미를 투사하는바, 그 방법에 있어 에둘러 메시지를 전달하는가 하면 넉살스레 혹은 달관한 듯한 어투로 독자에게 강요하지 않으면서, 넌지시 직관을 제시하는 화법의 시편들로 한 권의 시집 속에 알찬 살림을 꾸려놓고 있다. 시인의 해학과 유머를 따라가다 보면 그 재미가 쏠쏠하다. 쉽게, 재미있게 눈으로 읽히면서도 읽고 나서 눈을 감으면, 마음속에 한 폭의 그림이 그려지는 그런 『몽당연필』이다.

칼국숫집에 갔다, 기계로 뺀 국수다
건더기를 먹어도 칼의 맛 아니다

밀가루 콩가루 섞어 반죽하는 어머니 얼굴이
우묵한 국수 그릇에 일렁거린다

홍두깨로 맴돌리던 암반 위 반죽에
밀가루에 콩가루가 보태는 살에
김 오르는 만월이 덤벙 담기던 그릇

어머니 땀방울이 면발에 먼저 녹아들고
그 위에 애호박과 함께 썰려지던 고명

지금 내 입에 드는 것은 불면의 맛

어디를 가도 먹을 수 없는가, 그때의 맛

이건 아니라고 투정하면 꼰대 소리나 듣겠지

젓가락 위에 들어 올려진 국수를 두고
한참을 들여다보는 거였다

나 그 옛날 그리워하던 버드나무집
셋째 딸 능수의 미소를 이제야 후루룩 삼킨다
　　　　　　　　　－「능수 칼국숫집」전문

　능수 버드나무라는 말은 알겠는데, 능수 칼국수라니! 궁금함이 슬그머니 밀려온다. 가만히 생각해 보면 젓가락으로 들어 올린 칼국수가 축축 가지를 떨구고 있는 능수 버드나무를 닮아서인가. 대중가요의 한 토막에서 노래로 불리는 〈천안삼거리〉에서 보던 그런 능수버들을 연상한 것이, T. S. 엘리엇이 말한 객관적 상관성을 절묘하게 찾아내어 언어적 유희까지 양념, 고명으로 얹었으니, 참 맛있는 칼국수가 아닌가! 칼국수의 칼맛이 그리하고 어머니 손에서 반죽되던 반죽 덩이가 만월로, 만월이 퍼지면서 결국 세상을 비추는 칼국수가 되니 예사로운 칼국수가 아니다. 시인의 눈에 들어와서 재해석되는 칼국수는 지금 내 입에 드는 불면의 맛으로, 지금은 어디를 가도 먹을 수 없다. 그때의 그 맛을 그리워하는 시인의 심경을 절절히 보여주다가 다시 자신의 독백으로 "이건 아니라고 투정하면 꼰대 소리나 듣겠지"라는 감정의 양가성을 보여주는데, 마치 셰익스피어 극 중의 갈등을 드러내는 독백 형식과 유사한 구조를 시의 틀 혹은 거푸집으로 인용하고 있다. 거기에 그 옛날 그리워하던 버드나무집 셋째 딸 이름도 능수라고 이름 지어 부르면서 그 소녀의 미소까지 만나고 있으니 현재 칼국숫집(식당)에서 칼국수를 앞에 두고 나름 자신의 존재를 위로하고 위로받는 위무의 시인 것이다. 그녀의 머리칼과 고명 같은 얼굴, 국수가 서로 겹쳐 투영되며 여러 이미지의 동일성을 찾아 감정의 바닥을 뭉뚱그리는 해학의 또 다른 절정으로 읽히는 시이다.

2.

위의 시 「능수 칼국수」가 보여주는 세계가 그러하듯 시인의 시는 모두 긍정의 세계다. 시인의 나이 구순을 넘겨서 드디어 얻은 깨달음은 자신의 자세를 낮

춤으로 마음의 평화를 얻어내는 기막힌 자기제어이다. 시를 읽는 것인지, 잔잔한 물결을 읽는 것인지, 아무튼 "이건 아니라고 투정하면 꼰대 소리나 듣겠지"의 독백이 보여주는 달관의 경지는 그냥 얻어지는 게 아닌 깊은 연륜의 또 다른 결과물로 보아도 무방하겠다. 시집의 표제작 「몽당연필」 또한 그런 시인의 자화상이다.

　　한밤중 이리저리 뒤척이는 몸
　　그래 참 잘 살았다고
　　시린 서랍의 뼈마디를 만져주고 있다

　　서랍 모퉁이에 쉬고 있는 연필
　　너무 짧아, 쥘 수 없어 끼워진 깍지
　　어디서 본 듯 낯익다

　　시키는 대로 앞만 보고 사느라
　　고달픈 나날 뼈를 깎던 아픔도
　　아낌없이 내어준 살과 뼈로
　　가나의 담을 넘어, 움이 되고, 꽃이 되고

　　점점 몸이 닳고 눈앞은 흐려도
　　몽당연필 그가 써 내려간 문장들이

서랍 속 부활을 기다리는가?

당겨낸 서랍 드르륵 굴러와서
나 아직은 살아있다고
잠 덜 깬 나방의 꿈을 쿡쿡 찌르고 있다
― 「몽당연필」 전문

　위 시에 등장하는 중심 소재는 몽땅한 연필이다. 일명 몽당연필이라 부른다. 처음부터 몽땅했던 것은 아니다. 검은 속심 닳아가며 글씨를 쓰고, 밑줄을 치며 바쁘게 살다 보니, 점점 키가 작아졌을 것이다. 사람도 이처럼 몸과 정신을 오래 쓰다 보면 몽땅해지기 마련이다. 몽당이라는 접두사를 명사 앞에 두면 왠지 앙증스럽기도 하면서 정감 같은 것이 물씬 느껴진다. 몽당이라는 말이 주는 어감 또한 그렇다.
　이렇듯 작아서 손안에 쏙 들어오는 연필은 버려지거나, 잘하면 깍지를 끼워 쓰기도 한다. 물론 깍지를 끼웠다고 해서 본질이 바뀌는 것은 아니다. 이 시에서는 그런 연필을 넣어둔 곳이 서랍으로 보이는데 결국 서랍에 연필이 갇힌 것인지, 연필이 서랍을 찾아 들어간 건지는 알 수는 없지만, 연필이 서랍을 위로한다. 서랍의 뼈마디까지 만져주고 있다. 작은 연필이 자신을 보관해주던 서랍 즉 아내쯤인 서랍에 보여주는 동작은 얼마나 애틋한가. 어디서 본듯하다는 그 연필이 바로 시인 자신의 모습임을 에둘러 이야기하는 것과 다름없다.

"시키는 대로 앞만 보고 사느라/ 고달픈 나날 뼈를 깎던 아픔도/ 아낌없이 내어준 살과 뼈로/ 가난의 담을 넘어, 움이 되고, 꽃이 되고"는 연필이 몽땅해지기까지 자신이 살아온 행적이다. 점점 몸이 닳고 눈앞은 흐릿하지만, 연필로 써 내려간 창조적인 생각들 즉, 시 수필 같은 문학예술의 결과물들은 영원한 생명력을 가지게 될 것이다. 연필은 물론 연필을 돌봐주던 서랍까지도 새로운 부활의 대상임을 이 시는 암시하고 있다.

특히 마지막 연에서 몽당연필이 하는 행위-서랍에 잘못 들어와 고치를 지어놓은 벌레(나방)의 후생이 화들짝 깨어나도록 연필심 끝으로 쿡! 찌르는 짓궂고 심술궂은 동작-을 통해 노심老心과 동심童心을 동시에 불러내고 있다. "그래 참 잘 살았다고", "나 아직은 살아있다고" 두 직관 사이에 끼워 넣은 정황과 이미지와 진술이 곧 이 시의 척추 또는 골격의 중심임을 아는 순간, 시인의 시가 예사롭지 않음을 직감하게 된다. 어두웠던 심안心眼이 번쩍 뜨인다.

3.

한 생을 티끌 없이 잘 살아낸, 한 사람으로서의 연조를 절대 무시할 수 없다. 구순을 넘긴 시인이 2021년에 이어 어떻게 이런 시들을 쓴 것인지 깜짝 놀랄 일이다. 곽태조 시인의 시가 세상에 나가, 수많은 창작시와 어깨를 견줄 때, 전 세계적인 화제가 될 수 있겠다는 생각을 문득 해 본다. 돌아보면 시인이 살아온 세월은 평탄하지 않았다. 가난과 전쟁과 산업화를 거쳐 급변하는 IT산업의 발전으로 인공지능(AI)이 시를 쓰는 이 시대에 사람 냄새 나는 시집을 상재한 노 시인에게 박수를 보내지 않을 수 없다. 시인이 쓴 시 속에는 인공지능이 절대 이해 못 할 인간만의 몸짓이나 감정들이 시편마다 산재 되어 있다. 그것은 핏속에 흐르는 인간만의 고유한 가치이므로 인간의 사고를 모방한 차세대의 인공지능은 결코 이해할 수 없는 그런 감정의 영역이다. 또 시법에 있어 단순한 경험과 체험의 기록을 넘어, 시 속 중심 소재를 엉뚱한 이름으로 바꿔 부르는 등, 새로운 의미와 생명을 부여하는 신선한 충격과 마주치는 등, 발상의 전환이 이번 곽태조 시인의 시편에서 두드러진다.

　　나이테에 박힌 옹이를
　　밤새 내린 함박눈이 덮고 있다

　　옹이는 거무스레한 나무의 귀
　　지난날 바람결 향기 따라 춤추던
　　벌 나비를 가만히 떠올린다

　　어두운 하늘로 날아가며
　　매미가 남긴 단말마를 데려와
　　썩어드는 귀를 헹군다

　　수없이 석양을 삼킨 나무는
　　사그라지는 것을 두려워하지 않는다

　　구멍 깊숙이 차곡차곡 쌓아둔
　　운명의 별자리 잠시 보관하다
　　사랑 떠나보낸 쓸쓸함이 그러하듯

　　솜이불인 양 함박눈을 끌어 덮는다

해마다 움푹해지는 눈
점점 더 그리움은 깊어지고
　　　　　　　　　－「옹이」전문

꽃줄기 어디론가 사라지자
누군가 볼품없다고 쓰레기더미에 내다 버린
카틀레야

말라 죽어가는 너를 데려와
새벽마다 눈빛을 모아 건네주니
성긴 부석 앉힌 방에서
보랏빛 두 송이로 빙그레 웃는다

넉 달 넘어도 어제 같다

내가 너를 사랑하기도 전에
너는 벌써 오래전부터 나를 사랑했던가
청초한 몸이 피운 꽃이어서
네가 머문 허공은 오랜 기지개다

긴 세월 흘러도
엊그제 온 것처럼 청초한 그 자태
놀라운 군자 기질만큼은
카틀레야, 그 찬사에 있어서는

동서양 경계가 없다
  　　　　　　－「카틀레야」 전문

　전통적 서정시를 떠올리면서 곽태조 시인의 시를 연관 지어 살펴보다 보면 대략 1200년 전 죽은 누이의 제를 올리며 삶과 죽음의 순간을 선명하게 그린, 월명사가 지은 신라의 〈제망매가〉가 떠오른다. 또, 임에 대한 그리움에서 촉발된 감정을 노래한 황진이의 시도 떠오른다. 두 양상의 시가 뒤엉키면서 근대를 100년 가까이 살아온 시인의 주마등 같은 체험들이 그 옛 서정의 맛과 함께 양념으로 버무려져 현재의 시편으로 이어지고 있음에 전통의 맛, 멋에 한 번 더 찬사를 보낸다.

　시 「옹이」에서는 나무의 가지가 썩어 빠져나간 상흔의 자리, 그런 옹이를 달래주는 건 흰 눈이고, 옹이에서 흐르던 진물의 시간에 벌도 나비도 아픔을 수유하고 간 것이라는 진술이 애절하기 그지없다. 심지어 울음으로 짝을 찾고 교미를 끝내고 마지막 탄성을 지르고 죽는 매미의 단말마 소리에 귀를 헹구다니, 결국 "옹이=귀"라는 낯설게 하기의 절정을 시인은 포착하고 있다. "수없이 석양을 삼킨 나무는/ 사그라지는 것을 두려워하지 않는다", "해마다 움푹해지는 눈/ 점점 더 그리움은 깊어지고"의 직관으로 사랑마저도 잠시 보관하다 떠나보내는 것이라는 쓸쓸함은 그의 옹이 속에서 달관의 한 경지로 그려지고 있다.

또 다른 시 「카틀레야」는 누군가 버린 난초를 쓰레기 더미에서 주워와서 성긴 부석 앉힌 방에서 새벽마다 눈빛을 모아 건네주니, 기어이 꽃이 피더라는 일종의 경험의 산물인 시인데, 꽃이 지닌 군자의 기품을 흠모하는 마음을 솔직 과감하게 진술하고 있다. "내가 너를 사랑하기도 전에/ 너는 벌써 오래전부터 나를 사랑했던가/ 청초한 몸이 피운 꽃이어서/ 네가 머문 허공은 오랜 기지개다"라며 꽃이 기지개로 일찍이 당연히 올 것이 오고야 만 그런 사랑의 상징이 되어가면서 카틀레야는 꽃만은 아닌, 꽃의 이름도 아닌, 부석사 부석 위에 앉은 의상대사를 따라온 선묘의 또 다른 시적 모멘토로 그려지는 것이다.

누워서 흔들면
눈이 감겨지고
꺼져가는 아궁이에 닿으면
솟아나는 불씨
펼친 부채는 마술사다
꽃부채 펼쳐 든 옆 좌석 아줌마

무더위가 겁을 먹는
향수 내음을
내게로 천천히 건너오게 하는
그 부채
어두운 구석에서
옆으로 돌아눕다 조르륵 겹치니
암행어사 출두인 듯
초목도 떨지 않을 수 있으랴
사랑 낳는, 부채인가
누가 볼까, 눈도 가리는
그녀의 부채

두 입술 파르르
갚아야 할
부채로 떨고 있다

- 「쥘부채 펼쳐 들고」 전문

일상 경험을 진정성으로 노래한 시 「카틀레야」에 비해 시 「쥘부채 펼쳐 들고」는 아름다운 소품인 부채를 마치 찬양하듯이, 리듬감 있게 노래하다가 마지막 부분에 가서는 바람을 부치는 부채가 아닌 갚아야 할 부채負債로 슬며시 탈바꿈하는 반전을 보여주고 있다. 부채라는 사물이 아궁이에 불 지필 때 바람을 불어내는 정도의 기본용도가 바뀌면서 바람이라는 본질 너머 "집착" 혹은 "권위"의 또 다른 상징이 된다는 재미와 재치의 유머러스한 시편이다. 나이가 든다는 것은 어쩌면 성급할 까닭조차 없는 천진한 어떤 상태에 이르는 그런 경지가 아닐는지.

  해설에 인용되지 않은 여러 시편을 보면 시인이 겪어낸 세상 풍파의 그늘은 그 깊이가 이만저만이 아니었음을 알 수 있다. 그러나 다 지나간 일이고 현재 시인의 정서는 그저 잔잔한 수면에 가끔 튀어 오르는 물고기 지느러미 같은 그리움의 순간들이거나 지긋이 눈감고 입가에 잔잔히 흘리는 문수보살의 넉넉한 미소쯤으로 보인다.

4.

  서정시의 본류를 찾아 거슬러 올라가면 서정시는 원래 노래였다. 신라의 향가 〈제망매가〉가 그러하고, 서양에서는 고대 그리스에서 악기 반주에 맞춰 불렀던 가사를 그 뿌리로 간주한다. 수메르에서 기원한 현악기인 리라Lyra에 맞춰서 하는 노래(리리코스)가 서정시Lyric의 어원이다. 곽태조 시인의 이번 시집에 실린 시편들도 시인이 한 생을 살며 느끼고 마주친 순간들이 연금술적인 언어를 만나면서 한 곡의 노래로 기록되고 있다고 볼 수 있겠다.

    가을날 바람이 추는 춤에는 외딴집 빨랫줄이 들어 있다

    잠에서 깬 고추잠자리가
    발 디딜 곳 없어 서성이다가
    신작로 코스모스를 징검돌인 듯 밟고 간다

    솜털 날리며 새살림 떠나보내는 억새꽃 숙인 고개에 내려앉으니
    억새가 잠자리에게 말하기를

    그동안 키워준 뿌리에 큰절하는 중이라고 한다

    어깨 위로 날아가는 참새 소리 듣지 못한 척,
    잠자리 이번에는
    논의 눈 부라린 허수아비에게 다가가
    흙 묻은 소매를 털어준다

    잠자리는 해거리에 궁색한 감나무 가지도 다독이더니
    아래, 윗동네 사람들 한데 모여

꽹과리 앞세운 농자천하지대본 깃대 위에서

사는 동안 무거웠던 꼬리의 무게를
농무 속에 내려놓는다
                    -「갈바람 축제」전문

담배씨도, 깨알도 그믐밤 헤아렸다

샘 속의 두레박, 구름 위의 산봉우리에도
시력 좋은 눈이 달려있다

벌들의 아카시아 사랑
종다리 암수의 곤두박질
고추잠자리의 수줍음
빈 리어카에 오르는 씨돼지 사랑도
감은 눈으로 보면 다 보인다

우리 집 지키던 이백 살 넘은 등잔은
박물관에 걸리고
씻어도 닦아도 눈에 끼는 안개

가본 적도 없는 구만리 장천이
다 보이는 것은, 마음속 눈이
맑아졌기 때문이다

눈을 감고 있어도 다가온 칼날
찌를지, 벨지 다 알고 있다
　　　　　　　－「고수의 눈」 전문

　마지막에 실린 두 편의 시 「갈바람 축제」, 「고수의 눈」은 두고두고 읽어도 좋은 수작이다. "별들의 아카시아 사랑/ 종다리 암수의 곤두박질/ 고추잠자리의 수줍음/ 빈 리어카에 오르는 씨돼지 사랑도/ 감은 눈으로 보면 다 보인다."라고 노래하면서 뜬 눈이 아닌, 감은 눈으로도 삶이라는 큰 그림을 볼 줄 아는 이러한 경지는 시인이 이제는 절대 고수의 눈을 가졌다는 증거가 되고 있다. "담배씨도, 깨알도 그믐밤 헤아렸다"라는 그가 눈감고도 구만리 장천을 헤아리는 경지에 이르렀으니, "눈을 감고 있어도 다가온 칼날/ 찌를지, 벨지 다 알고 있다"라고 하니. 마음의 눈이 활짝 열린 것이다.
　전반적으로 살펴볼 때, 이번 시집에서 시인은 과거의 반추, 어머니에 대한 그리움, 가족에 대한 사랑, 등을 담아내면서 둥글기 그지없는 시의 세계를 보여준다. 각이 선 것들은 그 각선 모서리를 지우고 있으며, 삶에 관한 탐구의 단계를 넘어서서 존재에 대해 던진

물음을 거두어들이고 있다. 달관의 세계를 그려낸 시인의 언어가 지극히 원만하다.

　여느 시집도 마찬가지이겠지만,『몽당연필』속의 시편에 대한 독자들의 선호도는 각양각색일 것이다. 시인이 시집 원고를 보내주면서 이번 시집이 시를 공부하는 후배들에게 널리 읽히는 시집이 되었으면 좋겠다는 한 말이 귀에 쟁쟁하다. 널리 읽힐 뿐만 아니라, 오랜 시간이 지난 뒤에 다시 펴 보아도 위로가 될 그런 특장을 지녔다고 본다, 읽을 때마다 새로워서 맑디맑은 생기를 주는 그런 시집이『몽당연필』이다.